André Ferraz Melo

Grito para a Lua e outros Poemas

André Ferraz Melo

Grito para a Lua e outros Poemas

JustFiction Edition

Imprint

Cover image: www.ingimage.com

Publisher:
JustFiction! Edition
is a trademark of
International Book Market Service Ltd., member of OmniScriptum Publishing Group
17 Meldrum Street, Beau Bassin 71504, Mauritius

Printed at: see last page
ISBN: 978-620-0-10815-9

Grito Para a Lua e Outros Poemas

André Ferraz Melo

Não tem quem grite mais auto que o cão, na madrugada!

Estar sem um amparo em momentos definitivamente furtados, se encontrar no dorso de alguém e ainda estar só. É para homens de coragem.

Quando a lua sai sem aviso, e encontra quem a olhe. Qual a noiva que desliza fiel no tapete. Um grito de agonia, derrota e contentamento surgi. A mordaça escapa da boca espumante.

Loucura estar cercado de gente e estar tão só!

André Ferraz Melo

E pelo grito demente,

Que nos ajuda a fugir.

Deus, lhe pague!

Chico Buarque

Grito para Lua

A lua vai morrendo, um pedaço do chão escurece.

Percebo vozes, inquisição. Atropelo dos passos,

O passado batendo a porta.

E um espetacular homem-aranha dos quadrinhos da infância

Andando livremente pelas ruas.

Dobro ou nada?

Silhueta de verniz, benzina,cocaína

Coloridos armários nos livros.

Salto quântico, mesquinharia e baseados com vinho barato.

Na noite veloz o galo canta na madrugada.

A hora de voltar pra casa já era tarde demais...

Meninos e meninas flertam comigo,

Eu duvido que queiram alguma coisa na presença Dele.

Ele me Chama.

Os Chamados aumentam; viram gritos...

Grito só, no quarto, e arrebento um pobre coração.

Lembro que ainda vinha vivendo. Melhor Existindo!

EU deixei de viver desde a infÂncia.

Lamentos corrompendo a Pavuna.

Essa passagem que nós, nos esquivávamos de pagar.

O demônio soletra M-E-U.

eu digo E-U!

Há um espaço não vigiado.

Onde tudo ocorre

E a NEWBEATGENERETION nunca existiu na verdade.

Pelo menos num espaço da nossa imaginação.

Nise da Silveira ficaria orgulhosa.

A merda de toda a Esquerda ficaria orgulhosa.

Mamãe, Papai.

O sortilégio de esquisitos paranoicos, ficariam orgulhosos;

II

Um pano, um assoalho para lua cairia bem, soltos versos

Sem impressão de revisão de alguém atento.

Cadáveres baleados, chutes em cachorros mortos!

Vão para puta-que-partiu!

Eu não aguento mais recordar o passado.

Esqueletos, dinossauros.

Mulheres, eu gosto das mulheres.

Cabedal de entorpecentes, todos os dias.

A saliva grossa na boca espumando na sala.

Um espetacular ano novo.

Medidas, sim são necessárias.

As velhinhas gostam de escutar Elvis.

E Jhonny Cash parece já estar, cagando, para tudo lá do céu.

Do alto do telhado da casa, eu toco o céu!

Ele me parece raso.

Eu não o penetro com tanta profundidade.

Talvez um bocado de Coca-Cola e cigarros, para atravessar a madrugada redigindo um poema razoável.

Ao som de Cranberries as coisas ficam mais coloridas.

O mar e a rotina matam até o melhor marinheiro,

Expectativas, decisões e sábios conselhos.

Uma escura cortina!

Descobri-la; uma sandice só minha,

Os turvos espectros dos navios na travessia da Bahia de Guaratiba.

E os fones de ouvido tocando o velho Joy Division.

Ah os louvores! Eu os amo!!!

Amo tanto quanto escutar La Nuova Gioventu do Legião Urbana.

III

Eu parei a muito tempo de escutar tantas

Todas!

Hoje, eu só escuto mesmo.

Um beijo perfeito!

Uma doce cilada.

Uma maldita oportunidade para se salvar de si mesmo!

Sol quente; me faz suar!

Eu não posso dançar, eu não posso falar.

Eu não posso dançar, eu não posso cantar.

Genesis capítulo 1 versículo 6,7.

Tudo parece cultura pop e Divina ao mesmo tempo, junto e misturado...

Até Talking Heads deixou de parecer com Titãs.

UM SARRAFO DE SARRO COM A MINHA CARA!

Nota de Roda pé para o GRITO PARA LUA

Meu Grito não é santo,

Meu Grito não é moralista,

Talvez meu grito busque ser democrata.

Não há quem não queira gritá-lo também.

Não estou de salto alto.

Eu sou o salto alto.

Meu Grito é uma vontade, que dá para ver do teto da sala,

Quando a sombra da gente aparece com a luz do televisor.

Como é bom namorar, com filme e pipoca.

Como é bom ser humano.

Como é bom abençoar os da Esquerda, os da Direita.

Os Zé ninguéns, os estudados, e rir com o catador de lixo do seu condomínio,

Sobre a bíblia, sobre o flamengo.

Como é bom escrever bíblia com letra minúscula para fazê-la parecer humana.

Como é bom ser humano.

Como ser outro homem em mim mesmo, todos os dias

Enjoar-se e tornar-se novo novamente.

Como é bom ser flamenguista, e não ser vencedor sempre.

O meu Grito vão pra vocês todos, que apesar de tanto, de tudo,

Não se esvaziaram de si mesmos...

A lua inteira agora é um manto negro

Na lua nova,

Deslizo como o ladrão

Entre os meus versos.

E Sarah; entrei na tua dança.

O vasto chão entre Bonsucesso

[e Campo Grande:

Viraram água nos fios laços dos meus braços.

A te acolher e te encolher.

Uma forte chuva chegou

E abriu vala no meu coração.

Teu jeitinho da praia de Iracema

Na Fortaleza do Ceará.

Me dá, de mamar um Rosário

De penitências.

Eu sou rio na tua dança, Sarah.

E vejo que a lua nova veio pra ficar.

Ossário

Ossos mexidos

Estagnam a articulação

Ou o apetite.

Mordendo a fronha

Lábios, nus.

Semblante na metade.

O rosto mordendo a fronha

Sofre comigo de verdade.

Gólgota

Você chegou absurdamente

Sozinha...

Desceu do ônibus bêbada

Meu abraço se fez colo.

E você no traço me disse:

Eu te adoro

Viva o momento

Um cadillac preto,

Em chamas,

Passa na estrada.

Um vento pobre

E quente nos diz:

- *Restou de nós*

Apenas a escassez...

O Palhaço

Dedicado a Wildson França

Um riso triste

Se fez homem.

E com ele

Também toda cruz

Se levantou.

Dias Eternos

Os dias eternos são assim:

Uma aventura que o Senhor me convidou.

O Trabalho

Talvez uma das minhas tarefas
Mais hercúleas,
Foi o de encontrar
Algo pra fazer
Entre um cigarro e outro,
Na ideia de aumentar
O tempo de intervalo
Entre eles.

Uma chamada veio me auxiliar:
Uma mulher de Atenas. Deu-me
[as mãos congruentes,
Levantou do chão
Aquele homem esfarrapado:
Sansão sujo
E perturbado.

Benção Pai

Depois de quase trinta anos

Eu retomo um hábito de infância.

Meu pai se surpreende.

E eu repito: - Bença, pai...

Pai, afasta de mim esse, cale-se!

Clamo ao meu paizinho

Em voz chorosa:

Menino cheio de medo

E no caminho de volta,

Da casa, a Bruxa, sem João e nem Maria...

Jesus Pessoal

Ela chega doce com seu Jesus

Pessoal,

Abre a janela

Põe a fumaça do cigarro pra correr

Limpa meu rosto,

Rosto magro,

De holocausto.

Ela chega

Com seu Jesus Pessoal

Um riso distraído e um amor desigual.

Santa Bárbara

Santa Bárbara

Cabelos vermelhos

Cruéis.

A espada justa

Ao teu lado,

Sussurro pavoroso:

Rompe o telefone.

É difícil ser a paz,

Santa do meu batismo,

A*ma-me na guerra.*

O que ela disse para mim:

Azul dos olhos,

Céu do entardecer,

As rosas cantam partes

De sua boca.

As folhas verdes dos dedos,

Um castigo infiel,

Poemas escritos sem resposta.

O branco dos olhos,

Uma via láctea...

Supernovas

Deslizam sobre o céu.

Sancaryas

Eu arrebento o espaço

Em torno da minha cabeça.

Um girassol se abre

Voluptuoso,

E todo céu desce

Em claridade.

Dos teus gemidos

Um deslize sobre tua genitália,

Uma bromélia,

Um som quase virgem

Do fluxo das tuas drenagens.

Ausente o aspecto antes percebido,

Rodeia o quarto,

E todo o cheiro é perfume:

É caldo de açúcar derretido

Liso e presente pranto

Dos teus gemidos.

Folhas Verdes

Minha poesia é tão jovem.

Nos meus versos se escondem

Uma imaturidade cercada

De *"chuvas de verão caindo em outra estação"*.

É o dinheiro, por nada,

Os versos, por dor,

E a poesia, um capricho maldoso.

Quando decidi ser poeta

Meus versos pagãos

E meus olhos,

Olhos de um bruxo maldito.

Machado de Assis,

Em algo te superei.

Não temi escrever poesia.

Melhor do que você,

Redigi meu destino...

Arrogância em um homem medíocre?

Falácia em um homem que não passou do Bojador?

Estrela breve dos meninos.

O Órfão Selvagem

Dedicado ao poeta Allen Ginsberg

Sou um despatriado.

Uma vergonha,

Que ninguém quer assumir paternidade.

Sou a fresta por onde a bala

Passa entre o mendigo e a criança.

Uma fraca credibilidade

Que superou a loucura

Venceu o acaso

E tomou com rédea do destino.

Chegou cruzando,

Ó infinito peso das frases,

E pertenceu ao universo.

Genética da Perdição

A minha mãe

Quando Glória ainda era uma menina

E o álcool ainda era uma diversão,

Ela, com o rosto cheio,

Chega em casa

E o seu pai, Antônio

(Com esse nome de santo da ordem franciscana)

Segura em suas mãos, com os olhos aguados,

Dizendo de sua decepção...

O seu filho, com nome do pescador, André,

Também por um tempo,

Se esqueceu nos co(r)pos – estreitos - da vida

Bardo sereno.

Cigarros iguais aos do avô,

Versos iguais aos do pai...

Segundo-Grau

Quando começaram

As primeiras perturbações:

Os gritos na minha cabeça

Atrapalhando a lógica...

O sentido prático das coisas.

Eliminou todas as histórias

E possíveis amizades.

Não há vestígio de carinho:

Só tristeza e sofreguidão...

O aviso dado no ginásio

Da doença mental,

O aprendizado do convívio...

Virou catálogo

Dos dias decorridos.

Silício

Os pedaços de vidro na minha cabeça.

Os sérios e dominantes resíduos

De um espetáculo infernal.

Cada grito na madrugada.

Cada lágrima derramada.

Cada cêntimo pago.

A minha cabeça escandalosamente

Silencia à margem do papel,

Talvez ouça a voz da Verdade?

Bela Lugosi's Dead

Um vampiro surdo.

Sou eu, diante Deus!

Uma mentira desvalida.

Um fraco e medroso

Servo,

Ossos em pó.

Esvaem-se no Sol.

Carrasco de mim mesmo

E também juiz

O que quer saber o Rei?

Repouso sobre a relva

A grama quentinha

E um aviso para não pisar.

Nós fumávamos nosso cigarro

Estendidos os corpos,

Um sobre o outro.

Um deslize,

Um resquício de malícia.

Naquele jardim: as flores do mal.

E você escorregando em mim

Feito um gato.

Impacto em Júpiter

Dedicado a Sarah Freitas

Nós colidimos no sistema
Um com o outro.

Um cometa com um planeta.
Dois brilhos
Do reflexo das estrelas.

E eu canto uma nova canção.

Desejada

A minha amiga Desyrée

Quantos cânticos o Senhor cantará

Te chamando...

Desejada, esses severos pesos da vida.

Essa vazia medida.

Um estandarte eu levanto em teu nome.

Pois é querida, tanto para Deus

Quanto por mim.

Dobro meus joelhos

Numa prece doce

Por você.

A Onda

O grito de um surfista
É o grito de um guerreiro.

Quando se está no mar
Não tem cabelos para se afeiçoar
Nem segurança.

Só água salgada e trabalho.

Como amar um esporte
Tão sacrificial?

Um presente dado por Deus ao homem
Montado no agora,
E a instabilidade da água ao redor
É a eternidade!

“Quem inventou o amor, me explica, por favor?”

Legião Urbana (Antes das seis)

O amor, essa destra alucinada,
Que nos pertence,
Nos engole
E mutila.

Sabemos que com alegria,
Marchamos até a cruz
E todo amor real se sacrifica.

Prometeu, do fígado:
O dia a dia

Agora eu repouso.
E amanhã, mais um Leão.

Não tenho fundos,
Nem trabalho que sossegue!

A necessidade em amar o que se faz,
É a promessa a Sísifo:
Quando a pedra chegasse ao topo
Haveria um grito pavoroso.

Uma nova canção

Ao poeta Allen Ginsberg

Eu vou cantando.
Cantando uma nova canção
Onde nossos dedos se tocam
Esmagando nossas mãos.

Eu vou cantando.
Cantando uma nova canção...

Eu discorro sobre o bico dos teus seios,
A língua volumosa de martírio.

E eu canto,
Canto uma nova canção!
Até o ponto em que não haja mais
Nenhum de nós em nós mesmos.

O pouso leve sobre meus dedos
E uma contração!

Irmão Sol

Teu riscado no céu
Uma abóbada:
Paira qual uma carruagem
De raios, vida e canções.

A minha solenidade
Não alcança teu brilho.
Nem mesmo uma couraça
Resiste tão majestoso cetim.

Irmão Sol
Repousa tua guarda.
Há no espaço azul do céu
Um lugar além da Glória.
Um metrô de sentinelas
Acordando todos os dias.

Os gatos

Num pulo matreiro

Vôo no dorso.

Gata garota,

Na sua pegada

Leve e certeira.

Nas mãos de neve

Minha gata borralheira.

Sua Força

Essas palavras

Parecem ousadas

Mas no contexto

Elas são tudo que eu tenho.

São tudo que um Guerreiro

Oferece a outro

Que reconhece pelos olhos

A dor, o sentido e o foco.

Brota a fera dentro do seu coração.

Essa pantera calada.

Rugi um grito sufocado.

Brilha como a Lua Cheia.

Meu véu, minha túnica.

Os reis de Leão.

Todos Santos.

Os filhos do Trovão

Estão contigo,

Como eu estou.

Como sou seu.

Eu, que só queria que todos

Os contos de fada,

Tivessem um final feliz!

O consolo do mar

A textura da espuma
Branca como um
Dente de Leão.

Minha ambrosia.
Minha anestesia:
Furada, bravamente

Um deliciar de pequenos
E curtos momentos.
Em que o mar me consola.

Sossega André!

Pois a vida

É esse espelho

De se ver no outro.

E andar em solo

Arenoso.

Ser santo

Não é estar

Em posição melhor

Ou de forma

Tal, superior.

É contemplar a fraqueza

Em si mesmo

E ao resolvê-la,

Orar para que o outro

Também perceba.

INDICE

Printed by Books on Demand GmbH, Norderstedt / Germany